ILLUSTRÉE

N° 51

RABELAIS

GARGANTUA
III

10 CENTIMES

SOUS LA DIRECTION DE J. LERMINA

Il paraît un volume par semaine. Chaque volume pris chez l'éditeur ou chez les libraires ou marchands de journaux, coûte 10 Centimes.
Chaque volume envoyé *franco* par la poste, coûte 15 Centimes.
Cette augmentation n'est pas autre chose que le prix réclamé par la poste. — Les cinquante premiers volumes sont :

1. Victor Hugo. — A travers son Œuvre.
2. Général Boulanger. — Biographie et Discours.
3. Molière. — Les précieuses Ridicules.
4. Gambetta. — L'affaire Baudin.
5. Papiers et Correspondances de la Famille impériale.
6. Diderot. — Ceci n'est pas un Conte.
7. Ch. Floquet. — Paris et la République.
8. J.-J. Rousseau. — Confessions. — L'Enfance.
9. Ch.-L. Chassin. — Le Centenaire de 89.
10. Jules Claretie. — Les Derniers Montagnards.
11. J. Grévy. — Biographie et Discours.
12.
13. } Voltaire. — Candide.
14. Racine. — Les Plaideurs.
15. Restif de la Bretonne. — Les vingt épouses des Vingt associés.
16. Thiers. — Le 18 mars.
17. Desaugiers. — Chansons.
18. Danton. — La Patrie en danger.
19. Les Jésuites. — Leurs instructions secrètes.
20. Mercier. — Paris en 1789.
21. Jules Lermina. — La France martyre.
22.
23. } Molière. — Le Tartufe.
24. Hégésippe Moreau. — Contes. — La Souris blanche.
25. Journiac Saint-Méard. — Mon Agonie (1793).
26. Mirabeau. — Opinions et Discours.
27.
28. } Beaumarchais. — Le Barbier de Séville.
29. Lafontaine. — Fables.
30. J.-J. Rousseau. — Le Contrat social.
31. Barbès. — Deux jours de Condamnation à mort.
32. Molière. — L'Ecole des Maris.
33. Diderot. — Les deux Moines.
34.
35. } Beaumarchais. — Le Mariage de Figaro.
36.
37. Tony Révillon. — Hoche.
38. Lamennais. — Le Livre du Peuple.
39.
40. } X. de Maistre. — La jeune Sibérienne.
41. Edouard Lockroy. — Biographie et Extrait.
42.
43. } Longus. — Daphnis et Chloé.
44.
45. Voltaire. — Poésies.
46. Eugène Spuller. — Biographie et Discours.
47.
48. } Corneille. — Le Menteur.
49.
50. } Rabelais. — Gargantua.
51.
52. Camille Desmoulins. — La Lanterne.
53. Carnot. — La Révolution Française.

GARGANTUA

(Suite des N°s 49 et 50)

CHAPITRE XXXIX

Comment le moine fut festoyé par Gargrntua, et des beaux propos qu'il tint en souppant.

Quand Gargantua fut à table, et la premiere pointe des morceaux fut baufrée, Grandgousier commença raconter la source et la cause de la guerre meuë entre lui ét Picrochole, et vint au point de narrer comment frère Jean des Entommeures avoit triomphé à la défense du clos de l'Abbaye, et le loüa au dessus des proüesses de Camille, Scipion, Cesar et Themistocles.

Adoncques requit Gargantua que sus l'heure fût envoyé querir, afin qu'avecques lui on consultât de ce qui étoit à faire. Par leur vouloir l'alla querir son maître d'hôtel, et l'amena joyeusement, avecques son bâton de bois, sus la mule de Grandgousier.

Quand il fut venu, mille caresses, mille embrassemens, mille bons jours furent donnez.

— Hé! frere Jean, mon amy, frere Jean, mon grand cousin, frere Jean, de par le diable, l'accollée, mon amy. A moy la brassée; ça, couillon, que je t'érene à force de t'accoler.

Et frere Jean de rigoller; jamais homme ne fut tant courtois ni gracieux.

— Ça, ça, dit Gargantua, une escabelle ici auprés de moy, à ce bout.

— Je le veux bien, dit le moine, puis qu'ainsi vous plait. Page, de l'eau; boute, mon enfant, boute, elle me rafraîchira le foye. Baille ici, que je gargarise.

— *Deposita cappa*, dit Gymnaste; ôtons ce froc.

— Ho! par Dieu, dit le moine, mon gentilhomme, mon gentilhomme, il y a un chapitre *in statutis ordinis* auquel ne plairoit le cas.

— Bren, dit Gymnaste; bren pour vôtre chapitre. Ce froc vous rompt les deux épaules; mettez bas.

— Mon amy, dit le moyne, laisse le moy; car par Dieu je n'en boy que mieux. Il me fait le corps tout joyeux. Si je le laisse, messieurs les pages en feront des jarretières, comme il me fut fait une fois à Coulaines. Davantage je n'aurai nul appetit. Mais si en cet habit je m'assis à table, je boiray par Dieu et à toy et à ton cheval. Et dehait. Dieu gard de mal la compagnie. J'avois souppé; mais pour ce ne mangeray-je point moins, car j'ay un estomac pavé, creux comme la botte saint Benoit, toujours ouvert comme la gibbessiere d'un avocat.

De tous poissons fors que la tenche,

prenez l'aile de la perdris ou la cuisse d'une nonnain; n'est-ce pas falotement mourir quand on meurt le culcbe roide? Notre prieur aime fort le blanc de chappon.

— En cela, dit Gymnaste, il ne semble point aux renards, car des chapons, poulles, poullets qu'ils prennent jamais ne mangent le blanc.

— Pourquoy dit le moine.

— Parce, répondit Gymnaste, qu'ils n'ont point de cuisiniers à les cuire. Et s'ils ne sont competertement cuits, ils demeurent rouges et non blancs. La rougeur des viandes est indice qu'elles ne sont assez cuites. Exceptez les gammares et écrevices, que l'on cardinalise à la cuite.

— Fête Dieu Bayars, dit le moine, l'enfermier de notre abbaye n'a doncques la tête bien cuite, car il a les yeux rouges comme un jadeau de vergne. Cette cuisse de levraut est bonne pour les goutteux. A propos truelle, pourquoy est-ce que les cuisses d'une damoiselle sont toujours fraîches?

— Ce problème, dit Gargantua, n'est ni en Aristoteles, ny en Alexandre Aphrodisée, ny en Plutarque.

— C'est, dit le moine, pour trois causes par lesquelles un lieu est naturellement rafraichi. *Primo*, pource que l'eau décourt tout du long. *Secundo*, pource que c'est un lieu ombrageux, obscur et ténébreux, auquel jamais le soleil ne luit. Et tiercement, pource qu'il est continuellement éventé des vents du trou de bize, de chemise et d'abondant de la braguette. Et dehait. Page, à la humerie. Crac, crac, crac. Que Dieu est bon, qui nous donne ce bon piot! J'avoue Dieu, si j'eusse été au temps de Jésus-Christ, j'eusse bien ongardé que les juifs ne l'eussent pris au jardin d'Olivet. Ensemble le diable me faille si j'eusse failly de coupper les jarrets à messieurs les apôtres, qui furent tant lâchement après qu'ils eurent bien souppé, et laisseront leur bon maître au besoin. Je hais plus que poison un homme qui fuit quand il faut jouer des couteaux. Hon! que ne suis roy de France pour quatre-vingts ou cent ans. Par Dieu, je vous mettrois en chien courant les fuyards de Pavie. Leur fièvre quartaine. Pourquoy ne mouroient-ils là plutôt que laisser leur bon prince en cette nécessité? n'est-il meilleur et plus honorable mourir vertueusement bataillant, que vivre fuyant villainement. Nous ne mangerons guere d'oisons cette année. Ha! mon amy, baille de ce cochon. Daviot! il n'y a plus de moût. *Germinavit radix Jesse*. Je renié ma vie, je meurs de soif. Ce vin n'est des pires. Quel vin buviez-vous à Paris? Je me donne au diable si je n'y tins plus de six mois pour un temps maison ouverte à tous venans. Connoissez-vous frere Claude des hauts Barrois? Ô le bon compagnon que c'est! Mais quelle mouche l'a piqué? Il ne fait rien qu'étudier depuis je ne sçay quand. Je n'étudie point de ma part. En nôtre abbaye, nous n'étudions jamais, de peur des oripeaux. Notre feu abbé disoit que c'est chose monstrueuse voir un moine sçavant. Par Dieu, monsieur mon amy, *magis magnos clericos non sunt magis magnos sapientes*. Vous ne vîtes oncques tant de lievres comme il y en a en cette année. Je n'ay pu recouvrer ni autour ni tiercelet de lieu du monde. M. de La Bellonniere m'avait promis un lanier, mais il m'écrivit nagueres qu'il étoit devenu patais. Les perdris nous mangeront les oreilles mesouan. Je ne prends point de plaisir à la tonnelle, car je m'y morfonds; si je ne cours, si je ne tracasse, je ne suis point à mon aise. Vray est que sautant les haies et buissons, mon froc y laisse du poil. J'ay recouvert un gentil levrier. Je donne au diable si lui échappe lievre. Un laquais le menoit à M. de Maulevrier; je le détroussay; fis-je mal?

— Nenny, frère Jean, dit Gymnaste, nenny; de par tous les diables, nenny.

— Ainsi, dit le moine, à ces diables, cependant qu'ils durent. Vertu Dieu, qu'en eût fait ce boiteux? Le corps Dieu, il prend plus de plaisir quand on lui fait présent d'un bon couple de bœufs.

— Comment, dit Ponocrates, vous jurez, frere Jean?

— Ce n'est, dit le moine, que pour orner mon langage. Ce sont couleurs de rhétorique ciceroniane.

CHAPITRE XL

Pourquoi les moines sont refuis du monde, et pourquoi les uns ont le nez plus grand que les autres.

— Foy de chrétien, dit Eudemon, j'entre en grande rêverie, considerant l'honnêteté de ce moine. Car il nous ébaudit ici tous. Et comment donques est-ce qu'on rechasse les moines de toutes bonnes compagnies, les appellans trouble-fête, comme abeilles chassent les frelons d'entour les ruches. *Ignatum fucos pecus*, dit Maro, *à præsepibus arcent*.

A quoy répondit Gargantua :

— Il n'y a rien si vray que le froc et la cagoule tire à soy les opprobres, injures, maledictions du monde, tout ainsi comme le vent, dit Cecias, attire les nues. La raison peremptoire est parce qu'il mangent la merde du monde, c'est-à-dire les pechez, et comme machemerdes l'on les rejette en leurs retraits; ce sont leurs convents et abbayes, séparées de conversation politique, comme sont les retraits d'une maison. Mais si entendez pourquoy un singe en une famille est toujours moqué et hercelé, vous entendrez pourquoy les moines sont de tous refuis, et des vieux et des jeunes. Le singe ne garde point la maison comme un chien; il ne tire par l'aroy comme le bœuf; il ne produit ni lait ni laine comme la brebis. Il ne p[orte] pas le faix, comme le cheval. Ce qu'il fait est tout conchier et dég[âte]ter, qui est la cause pourquoy de tous reçoit moqueries et bastonnades. Semblablement un moine (j'entens de ces oiseux moines) ne laboure, comme le païsan; ne garde le païs comme l'homme de guerre; ne guerit les malades comme le médecin; ne prêche ni endoctrine le monde comme le bon docteur évangelique et pedagogue; ne porte les commoditez et choses necessaires à la republique comme le marchand. C'est la cause pourquoy de tous sont huez et abhorrez.

— Voire; dit Grandgousier, ils prient Dieu pour nous.

— Rien moins, répondit Gargantua, vray est qu'ils molestent tout leur voisinage à force de trinqueballer leurs cloches.

Voire, dit le moine, une messe, unes matines, unes vêpres bien sonnées sont à demi dites.

— Ils marmonnent grand renfort de legendes et psaumes nullement par eux entendus. Ils content force patenostres entrelardées de longs *Ave Maria*, sans y penser ny entendre. Et ce j'appelle moque-Dieu, non oraison. Mais ainsi leur aide Dieu, s'ils prient pour nous, et non pas peur de perdre leurs miches et souppes grasses. Tous vrais chrétiens, de tous états, en tous lieux, en tous temps prient Dieu, et l'esprit prie et interpelle pour iceux, et Dieu les prend en grâce. Maintenant, tel est nôtre frere Jean. Pourtant, chacun le souhaite en sa compagnie. Il n'est point bigot, il n'est point déchiré, il est honnête, joyeux, déliberé, bon compagnon. Il travaille, il laboure, il défend les opprimez, il conforte les affligez, il subvient aux souffreteux, il garde le clos de l'abbaye.

— Je fais, dit le moine, bien davantage, car en dépêchant nos matines et anniversaires au chœur, ensemble je fais des cordes d'arbalestes, je polis des matras et garots, je fais des rets et des poches à prendre les connins. Jamais je ne suis oisif. Mais or ça, à boire, à boire, ça. Apporte le fruit. Ce sont châtaignes du bois d'Estrocs, avec bon vin nouveau voy vous la composeur de pets. Vous n'êtes encore ceans amoustillez. Par Dieu, je boy à tous guez, comme un cheval de promoteur.

Gymnaste lui dit :

— Frere Jean, ôtez cette roupie qui vous pend au nez.

— Ha! ha! dit le moine, serois-je en danger de noyer, vû que suis en l'eau jusques au nez? Non, non, *quare? Quia*:

Elle en sort bien, mais point n'y entre,
Car il est bien antidoté de pampre.

A mon amy, qui auroit bottes d'hiver de tel cuir, hardiment pourroit-il pêcher aux huîtres, car jamais ne prendroient eau.

— Pourquoy, dit Gargantua, est-ce que frere Jean a si beau nez?

— Parce, répondit Grangousier, qu'ainsi Dieu l'a voulu, lequel nous fait en telle forme et en telle fin selon son divin arbitre, que fait un potier ses vaisseaux.

— Parce, dit Ponocrates, qu'il fut des premiers à la foire des nez. Il prit les plus beaux et les plus grands.

— Trut avant, dit le moine, selon vraie philosophie monastique, c'est parce que ma nourrice avoit les tetins mollets ; en la laitant, mon nez y enfondroit comme en beurre, et là s'élevoit et croissoit comme la pâte dedans la mait. Les durs tetins de nourrices font les enfants camus. Mais gay, gay, *ad formam nasi cognoscitur ad te levavi*. Je ne mange jamais de confitures. l'age, à la humerie. Item rôties.

CHAPITRE XLI

Comment le moine fit dormir Gargantua, et de ses heures et breviaire.

Le soupper achevé, consulterent sus l'affaire instant, et fut conclu qu'environ la minuit ils sortiroient à l'escarmouche pour sçavoir quel guet et diligence faisoient leurs ennemis ; en cependant qu'ils se reposeroient quelque peu pour être plus frais. Mais Gargantua ne pouvoit dormir en quelque façon qu'il mit. Dond lui dit le moine :

— Je ne dors jamais à mon aise, sinon quand je suis au sermon ou quand je prie Dieu. Je vous supplie, commençons, vous et moy, les sept psaumes, pour voir si tantôt ne serez endormi.

L'invention plût très bien à Gargantua, et commençant le premier psaume. sur le point de *Beati quorum*, s'endormirent et l'un et l'autre. Mais le moine ne faillit oncques à s'éveiller avant la minuit, tant il étoit habitué à l'heure des matines claustrales. Lui éveillé, tous les autres éveilla, chantant à pleine voix la chanson :

> Ho ! Regnaut, réveille-toy,
> Veille, ô Regnant, réveille-toi.

Quand tous furent éveillez, il dit :

— Messieurs, l'on dit que matines commencent par tousser, et souper par boire. Faisons à rebours, commençons maintenant nos matines par boire, et de soir, à l'entrée de souper, nous tousserons à qui mieux mieux.

D'ond, dit Gargantua :

— Boire si tôt après le dormir, ce n'est vécu en diete de medecine. Il se faut premier écurer l'estomac des superfluitez et excremens.

— C'est, dit le moine, bien médeciné. Cent diables me sautent au corps s'il n'y a plus de vieux yvrognes qu'il n'y a de médecins. J'ay composé avecques mon appetit en telle paction, que toujours il se leve. Rendez tant que vous voudrez vos cures, je m'en vais après mon tiroir.

— Quel tiroir, dit Gargantua, entendez-vous ?

— Mon breviaire, dit le moine ; car tout ainsi que les fauconniers devant que de paître leurs oiseaux les font tirer quelque pied de poulle, pour leur purger le cerveau des phlegmes et pour les mettre en appetit, ainsi, prenant ce joyeux petit breviaire au matin, je m'écure tout le poulmon et me voilà prêt à boire.

— A quel usage, dit Gargantua, dites-vous ces belles heures ?

— A l'usage, dit le moine, de Fecan, à trois psaumes et trois leçons, ou rien du tout qui ne veut. Jamais je ne m'assujetis à heures; les heures sont faites pour l'homme et non l'homme pour les heures. Pourtant, je fay des miennes à guise d'étrivieres, je les accourcis ou allonge quand bon me semble. *Brevis oratio penetrat cœlos, longa oratio evacuat scyphos.* Où est écrit cela?

— Par ma foy, dit Ponocrates, je ne sçai, mon petit couillaud, mais tu vaux trop.

— En cela, dit le moine, je vous ressemble. Mais, *Venite apotemus.*

L'on apprêta carbonnades à force et belles souppes de primes, et bût le moine à son plaisir. Aucuns lui tindrent compagnie, les autres s'en déporterent.

Après, chacun commença soy armer et accoûtrer. Et armerent le moine contre son vouloir, car il ne vouloit autres armes que son froc devant son estomac et le bâton de la croix en son poing. Toutefois, à leur plaisir fut armé de pied en cap et monté sur un bon coursier du royaume et un gros braquemart au côté. Ensemble Gargantua, Ponocrates, Gymnaste, Eudemon et vingt et cinq des plus aventureux de la maison de Grandgousier, tous armez à l'avantage, la lance au poing, montez comme saint George, chacun ayant un arquebusier en croupe.

CHAPITRE XLII

Comment le moine donne courage à ses compagnons, et comment il pendit à un arbre.

Or s'en vont les nobles champions à leur avanture, bien deliberez d'entendre quelle rencontre faudra poursuivre et de quoy se faudra contregarder quand viendra la journée de la grande et horrible bataille.

Et le moine leur donne courage, disant :

— Enfant, n'ayez ni peur ni doute, je vous conduirai seurement. Dieu et saint Benoît soient avec nous. Si j'avois la force de même le courage, par la mort Dieu, je vous les plumerois comme un canard. Je ne crains rien fors l'artillerie. Toutefois, je sçai quelque oraison que m'a baillé le sous-secretain de notre abbaye, laquelle garantit la personne de toutes bouches à feu. Mais elle ne me profitera de rien, car je n'y ajoute point de foy. Toutefois, mon bâton de croix fera diable. Par Dieu, qui fera la cane de vous autres, je me donne au diable si je ne le fay moine en mon lieu, et l'enchevêtreray de mon froc; il porte medecine à coüardise de gens. Avez point oüi parler du levrier de M. de Meurles, qui ne valoit rien pour les champs, il luy mit un froc au col, par le corps Dieu, il n'échappoit ny lièvre ny renard devant lui, et qui plus est, couvrit toutes les chiennes du païs, qui auparavant étoit éreiné, *de frigidis et maleficiatis.*

Le moine, disant ces paroles en colere, passa sous un noyé, tirant vers la saulaie, et embrocha la visiere de son heaume à la roüe d'une grosse branche du noyer. Ce nonobstant, donna fierement des éperons à son cheval, lequel étoit chatouilleux à la pointe, en maniere que le cheval bondit en avant, et le moine, voulant défaire sa visière du croc, lâche la bride, et de la main se pend aux branches; cependant que le cheval se dérobe dessous luy. Par ce moyen demeura le moine pendant au noyer et criant à l'aide et au meurtre, protestant aussi de trahison. Eudemon premier l'apperçut, et appellant Gargantua :

— Sire, venez et voyez Absalon pendu.

Gargantua venu considera la contenance du moine et la forme dont il pendoit, et dit à Eudemon :

— Vous avez mal rencontré, le comparant à Absalon; car Absalon se pendit par les cheveux, mais le moine, ras de tête, s'est pendu par les oreilles.

— Aidez-moy, dit le moine, de par le diable. N'est-il pas bien le temps de jaser ? Vous me semblez les prêcheurs décretalistes, qui disent que quiconque voira son prochain en danger de mort, il le doit, sus peine d'excommunication trisulce, plûtôt admonester de soy confesser et mettre en état de grâce que de lui aider. Quand doncques je les voiray tombez en la riviere et prêts d'être noyez, en lieu de les aller chercher querir et bailler la main, je leur feray un beau et long sermon *de contemptu mundi et fuga seculi*, et lorsqu'ils seront roides morts, je les iray pêcher.

— Ne bouge, dit Gymnaste, mon mignon, je te vais quérir, car tu es gentil petit *monachus*.

Monachus in claustro
Non valet ova duo ;
Sed quando est extra,
Bene valet triginta.

J'ay vû des pendus plus de cinq cens; mais je n'en vy oncques qui eût meilleure grâce en pendilant, et si je l'avois aussi bonne, je voudrois ainsi pendre toute ma vie.

— Aurez-vous, dit le moine, tantôt assez prêché ? Aidez-moi de par Dieu, puisque de par de l'autre ne voulez. Par l'habit que je porte ! vous en repentirez *tempore et loco prælibatis*.

Alors descendit Gymnaste de son cheval, et montant au noyer, souleva le moine par les goussets d'une main, et de l'autre défit sa visière du croc de l'arbre, et ainsi le laissa tomber en terre et soy après. Descendu que fut, le moine se défit de tout son harnois, et jetta l'une pièce après l'autre parmi le champ, et reprenant son bâton de la croix, remonta son cheval, lequel Eudemon avoit retenu à la fuite. Ainsi s'en vont joyeusement tenans le chemin de la saulaie.

CHAPITRE XLIII

Comment l'escarmouche de Picrochole fut rencontrée par Gargantua, et comment le moine tua le capitaine Tiravant, puis fut prisonnier entre les ennemis.

Picrochole, à la relation de ceux qui avoient évadé à la route, lors que Tripet fut étrippé, fut épris de grand courroux voyant que les diables avoient couru sus ses gens, et tint son conseil toute la nuit, auquel Hastiveau et Touquedillon conclurent que sa puissance étoit telle qu'il pourroit défaire tous les diables d'enfer s'ils y venoient. Ce que Picrochole ne croyoit du tout, aussi ne s'en défioit il. Pourtant envoya, sous la conduite du comte Tiravant, pour découvrir le païs, seize cens chevaliers, tous montés sur chevaux légers en escarmouche, tous bien aspergez d'eau bénite, et chacun ayant pour leur signe une étole en écharpe, à toutes avantures s'ils ne rencontroient les diables, que par vertu, tant de cette eau gringoriane que des étoles, iceux fissent disparoir et évanouir.

Coururent donc jusques près la Vauguyon et la Maladiere, mais oncques ne trouverent personne à qui parler; donc repasserent par le dessus, et en la loge et tuguro pastoral, près le Coudrai, trouverent les cinq pelerins, lesquels liez et baffouez emmenerent, comme s'ils fussent espies, nonobstant les exclamations, adjurations et requêtes qu'ils fissent.

Descendus de là vers Seuillé, furent entendus par Gargantua, lequel dit à ses gens :

— Compagnons, il y a ici rencontre, et sont en nombre trop plus dix fois que nous; choquerons-nous sus eux?

— Que diable dit le moine, ferons-nous donc? Estimez-vous les hommes par nombre et non par vertu et hardiesse?

Puis s'écria :

— Choquons, diable, choquons !

Ce qu'entendans les ennemis pensoient certainement que fussent vrais diables, dont commencèrent fuir à bride avalée, excepté Tiravant, lequel coucha sa lance en l'arrêt et en ferut à toute outrance le moine au milieu de la poitrine; mais, rencontrant le froc horrifique, reboucha par le fer, comme si vous frappiez d'une petite bougie contre une enclume.

Adoncques le moine, avec son bâton de croix, lui donna entre le col et le collet, sus l'os acromion, si rudement, qu'il l'étonna et fit perdre tous sens et mouvement, et tomba és pieds du cheval.

Et voyant l'étole qu'il portoit en écharpe, dit à Gargantua :

— Ceux-ci ne sont que prêtres, ce n'est qu'un commencement de moine.

— Par saint Jean, je suis moine parfait, je vous en tueray comme de mouches.

Puis le grand galop courut après, tant qu'il attrapa les derniers, et les abattoit comme seille frappant à tort et à travers. Gymnaste interrogea sus l'heure Gargantua, s'il les devoit poursuivre. A quoy dit Gargantua :

— Nullement. Car selon vraye discipline militaire, jamais ne faut mettre son ennemy en lieu de désespoir. Parce que telle nécessité luy multiplie sa force, et accroît le courage, qui jà étoit déject et failli. Et n'y a meilleure remede de salut à gens étonnis et recrûs que de n'esperer salut aucun. Quantes victoires ont été tollues des mains des vainqueurs par les vaincus, quand ils ne se sont contentez de raison ; mais ont attenté de tout mettre à internecion et détruire totalement leurs ennemis, sans en vouloir laisser un seul pour en porter les nouvelles? Ouvrez toujours à vos ennemis toutes les portes et chemins, et plutôt leur faites un pont d'argent, afin de les renvoyer.

— Voire; mais, dit Gymnaste, ils ont le moine.

— Ont-ils, dit Gargantua, le moine? Sus mon honneur, que ce sera à leur dommage. Mais afin de subvenir à tous hazards, ne nous retirons pas encore, attendons ici en silence. Car je pense jà assez connoître l'engin de nos ennemis, ils se guident par sort, non par conseil.

Iceux ainsi attendans sous les noyers, cependant le moine poursuivoit choquant tous ceux qu'il rencontroit, sans de nulli avoir merci, jusques à ce qu'il rencontra un chevalier qui portoit en croupe un des povres pelerins. Et là le voulant mettre à sac, cria le pelerin.

— Ha, monsieur le prieur, mon amy, monsieur le prieur, sauvez-moi, je vous en prie.

Laquelle parole entendue se retournerent arriere les ennemis, et voyans que là n'étoit que le moine, qui faisoit cet esclandre, le chargerent de coups, comme on fait un âne de bois, mais de tout rien ne sentoit, mêmement quand ils frappoient sus son froc, tant il avoit la peau dure. Puis le baillerent à garder à deux archers, et tournans bride ne virent personne contre eux, d'ond estimerent que Gargantua étoit fui avec sa bande.

Adoncques coururent vers les noirettes tant roidement qu'ils pûrent pour les rencontrer, et laisserent là le moine seul avecques deux archers de garde. Gargantua entendit le bruit et hannissements des chevaux, et dit à ses gens :

— Compagnons, j'entends le trac de nos ennemis, et j'apperçoy aucuns d'iceux qui viennent contre nous à la foule, serrons-nous ici, et tenons le chemin en bon rang; par ce moyen les pourrons recevoir à leur perte, et à nôtre honneur.

CHAPITRE XLIV

Comment le moine se defit de ses gardes, et comment l'escarmouche de Picrochole fut defaite.

Le moine les voyant ainsi départir en desordre, conjectura qu'ils alloient charger sus Gargantua et ses gens, et se contristoit merveilleusement de ce qu'il ne les pouvoit secourir. Puis avisa la contenance de ses deux archers de garde, lesquels eussent volontiers couru après la troupe pour y butiner quelque chose, et toujours regardoient vers la vallée en laquelle ils descendoient. Davantage syllogisoit, disant :

— Ces gens ici sont bien mal exercez en faits d'armes : car oncques ne m'ont demandé ma foy et ne m'ont demandé ma foy et ne m'ont ôté mon braquemart.

Soudain après tira son dit braquemart, et en ferut l'archer qui le tenoit à dextre, lui coupant entierement les veines jugulaires et arteres sphagitides du col, avec le gargareon, jusques és deux adenes : et retirant le coup, lui entr'ouvrit la mouelle spinale entre la seconde et tierce vertebre : là tomba l'archer tout mort. Et le moine, détournant son cheval à gauche, courut sur l'autre, lequel voyant son compagnon mort, et le moine avantagé sus soy, crioit à haute voix :

— Ha, monsieur le priour, je me rends, monsieur le priour, mon amy, monsieur le priour.

Et le moine crioit de même :

— Monsieur le posteriour, mon amy, monsieur le posteriour, vous aurez sus vos posteres.

— Ha, disoit l'archer, monsieur le priour, mon mignon, monsieur le priour, que Dieu vous fasse abbé.

— Par l'habit, disoit le moine, que je porte, je vous feray ici cardinal. Rançonnez-vous les gens de religion ? vous aurez un chapeau rouge à cette heure de ma main.

Et l'archer crioit :

— Monsieur le priour, monsieur le priour, monsieur l'abbé futur, monsieur le cardinal, monsieur le tout. Ha, ha, hes, non, monsieur le priour, mon bon petit seigneur le priour, je me rends à vous.

— Et je te rends, dit le moine, à tous les diables.

Lors d'un coup lui trancha la tête, lui coupant le tét sus les os petreus, et enlevant les deux os bregmatis, et la commissure sagittale, avec grande partie de l'os coronal, ce que faisant lui trancha les deux meninges, et ouvrit profondement les deux posteriours ventricules du cerveau : et demeura le crane pendant sus les épaules à la peau du pericrane par derriere en forme d'un bonnet doctoral noir par dessus, rouge par dedans. Aussi tomba roide mort en terre.

Ce fait, le moine donne des éperons à son cheval, et poursuit la voye que tenoient les ennemis, lesquels avoient rencontré Gargantua et ses compagnons au grand chemin, et tant étoient diminuez au nombre pour l'énorme meurtre qu'y avoit fait Gargantua avecques son grand arbre, Gymnasto, Ponocrates, Eudemon, et les autres, qu'ils commençoient soy retirer à diligence, tous effrayez et perturbez de sens et entendement, comme s'ils vissent la propre espece et forme de mort devant leurs yeux. Et comme vous voyez un âne quand il a au cul un œstro junonique, ou une mouche qui le poind, courir çà et là sans voye ny chemin, jettant sa charge par terre, rompant son frein et rênes, sans aucunement respirer ny prendre repos, et ne sçait-on qui le meut : car l'on ne voit rien qui le touche.

Ainsi fuyoient ces gens de sens dépourvûs, sans sçavoir cause de fuir, tant seulement les poursuit une terreur panice laquelle avoient conçûe en leurs ames.

Voyant le moine que toute leur pensée n'étoit sinon à gagner au pied, descend de son cheval et monte sus une grosse roche qui étoit sus le chemin, et avecques son grand braquemart frappoit sus ces fuyars, à grand tour de bras, sans se feindre ny épargner.

Tant en tua et mit par terre, que son braquemart rompit en deux pieces.

Adoncques pensa en soy-même que c'étoit assez massacré et tué, et que le reste devoit échapper pour en porter des nouvelles. Pourtant saisit en son poing une hache de ceux qui là gisoient morts, et se retourna derechef sur la roche, passant temps à voir fuïr les ennemis, et cullebuter entre les corps morts, excepté qu'à tous faisoit laisser leurs piques, épées, lances et haquebutes : et ceux qui portoient les pelerins liez, il les mettoit à pied et délivroit les chevaux auxdits pelerins, les retenant avecques soy l'orée de la hayè, et Touquedillon, lequel il retint prisonnier.

CHAPITRE XLV

Comment le moine amena les pelerins, et les bonnes paroles que leur dit Grandgousier.

Cette escarmouche parachevée, se retira Gargantua avecques ses gens, excepté le moine, et sus la pointe du jour se rendirent à Grandgousier, lequel en son lit prioit Dieu pour leur salut et victoire. Et les voyant tous saufs et entiers, les embrassa de bon amour, et demanda nouvelles du moine. Mais Gargantua lui répondit que sans doute leurs ennemis avaient le moine.

— Ils auront, dit Grandgousier, doncques mal-encontre.

Ce qu'avoit été bien vray. Pourtant encore est le proverbe en usage, de bailler le moine à quelqu'un.

Adoncques commanda qu'on apprêtât très-bien à dejûner pour les rafraîchir. Le tout apprêté, l'on appella Gargantua, mais tant lui grevoit de ce que le moine ne comparoit aucunement, qu'il ne vouloit ny boire ny manger. Tout soudain le moine arrive, et dès la porte de la basse court, s'écria :

— Vin frais, vin frais, Gymnaste, mon amy.

Gymnaste sortit et vid que c'étoit frere Jean qui amenoit cinq pelerins, et Touquedillon prisonnier, dont Gargantua sortit au devant, et lui firent le meilleur recueil que purent, et le menerent devant Grandgousier, lequel l'interrogea de toute son avanture. Le moine lui disoit tout : et comment on l'avoit pris et comment il s'étoit défait des archers, et la boucherie qu'il avoit fait par le chemin, et comment il avoit recouvré les pelerins, et amené le capitaine Touquedillon.

Puis, se mirent à banqueter joyeusement tous ensemble. Cependant Grandgousier interrogeoit les pelerins de quel païs ils étoient, d'où ils venoient, et où ils alloient. Lasdaller pour tous répondit :

— Seigneur, je suis de Saint-Genou en Berry ; cettuy-ci est de Paluau ; cettuy-ci est de Onzay ; cettuy-ci est de Argy ; et cettuy-ci est de Villebredin. Nous venons de Saint-Sébastien, près de Nantes, et nous en retournons par nos petites journées.

— Voire, mais, dit Grandgousier, qu'alliez-vous faire à Saint-Sebastien ?

— Nous allions, dit Lasdaller, lui offrir nos votes contre la peste.

— Oh ! dit Grandgousier, povres gens, estimez-vous que la peste vienne de saint Sebastien ?

— Ouy, vrayement, répondit Lasdaller, nos prêcheurs nous l'afferment.

— Ouy, dit Grandgousier, les faux prophètes vous annoncent-ils tels abus? Blasphèment-ils en cette façon les justes et saints de Dieu, qu'ils les font semblables aux diables, qui ne font que mal entre les humains? Comme Homere escrivit que la peste fut mise en l'ost des Gregeois par Apollo, et comme les poètes feignent un grand tas de Vejoves et Dieux malfaisans. Ainsi prêchoit à Sinays un caphart, que saint Antoine mettoit le feu és jambes; saint Eutrope faisoit des hydropiques; saint Gildas les fols; saint Genou les gouttes. Mais je le punis en tel exemple, quoy qu'il m'appelât heretique, que depuis ce temps caphart quiconque n'est osé entrer en mes terres. Et m'ébahis si vôtre roy laisse prêcher par son royaume tels scandales. Car plus sont à punir que ceux qui par art magique ou autre engin auroient mis la peste par le païs. La peste ne tuë que le corps, mais tels imposteurs empoisonnent les ames.

Lui disant ces paroles, entre le moine déliberé, et leur demanda:

— D'ond êtes-vous, vous autres, povres haires?

— De Saint-Genou, dirent-ils.

— Et comment, dit le moine, se porte l'abbé Tranchelion le bon buveur? Et les moines, quelle chere font-ils? Le corps Dieu, ils biscotent vos femmes cependant qu'êtes en romivage.

— Hin, hen, dit Lasdaller, je n'ay pas peur de la mienne. Car qui verra de jour, ne se rompra jà le col pour l'aller visiter la nuit.

— C'est, dit le moine, bien rentré de piques. Elle pourroit être aussi laide que Proserpine, elle aura par Dieu la saccade, puisqu'il y a moines autour. Car un bon ouvrier met indifferemment toutes pieces en œuvre. Que j'aye la verole, en cas que ne les trouviez engrossées à vôtre retour. Car seulement l'ombre du clocher d'une abbaye est féconde.

— C'est, dit Gargantua, comme l'eau du Nil, en Egypte, si vous croyez Strabo, et Pline (liv. VII, chap. III). Avisez que c'est de la miche, des habits et des corps.

— Lors, dit Grandgousier allez-vous-en, povres gens, au nom de Dieu le createur, lequel vous soit en guide perpetuelle. Et dorenavant ne soyez faciles à ces oiseux et inutiles voyages. Entretenez vos familles, travaillez chacun en sa vocation, instruisez vos enfans, et vivez comme vous enseigne le bon apôtre saint Paul. Ce faisans vous aurez la garde de Dieu, des anges et des saints avecques vous; et n'y aura peste ny mal qui vous porte nuisance.

Puis les mena Gargantua prendre leur refection en la salle: mais les pelerins ne faisoient que soûpirer, et dirent à Gargantua:

— O que heureux est le païs qui a pour seigneur un tel homme! Nous sommes plus édifiez et instruits en ces propos qu'il nous a tenu, qu'en tous les sermons que jamais nous furent prêchez en nôtre ville.

— C'est, dit Gargantua, ce que dit Platon (lib. V, De repub.), que lors les republiques seroient heureuses quand les rois philosopheroient ou les philosophes regneroient.

Puis leur fit emplir leur besaces de vivres, leurs bouteilles de vin, et à chacun donna cheval pour soy soulager au reste du chemin et quelques carolus pour vivre.

CHAPITRE XLVI

Comment Grandgousier traita humainement Touquedillon prisonnier.

Touquedillon fut presenté à Grandgousier et interrogé par iceluy sus l'entreprise et affaire de Picrochole, quelle fin il prétendoit par le tumultuaire vacarme. A quoy répondit que sa fin et sa destinée étoit de conquêter tout le pays s'il pouvoit, pour l'injure faite à ses fouaciers.

— C'est, dit Grandgousier, trop entrepris; qui trop embrasse, peu étreint. Le temps n'est plus d'ainsi conquêter les royaumes avecques dommage de son prochain frere chrétien ; cette imitation des anciens Hercules, Alexandres, Hannibals, Scipions, Cesars et autres tels, est contraire à la profession de l'Evangile, par lequel nous est commandé garder, sauver, regir et administrer chacun ses pays et terres, non hostilement envahir les autres. Et ce que les Sarrasins et Barbares jadis appelloient prouesses, maintenant nous appellons briganderies et méchancetez. Mieux eût-il fait soy contenir en sa maison, royalement la gouvernant, que insulter en la mienne, hostilement la pillant, car par bien la gouverner l'eût augmentée, par me piller sera détruit. Allez-vous-en au nom de Dieu : suivez bonne entreprise, remontrez à vôtre roy les erreurs que connoîtrez, et jamais ne le conseillez, ayant égard à vôtre profit particulier, car avecques le commun est aussi le propre perdu. Quant est de vôtre rançon, je vous la donne entierement, et veux que vous soient rendues armes et cheval : ainsi faut-il faire entre voisins et anciens amis, vû que cette nôtre différence n'est point guerre proprement. Comme Platon (lib. V, De repub.) vouloit être non guerre nommée, ains sédition, quand les Grecs mouvoient armes les uns contre les autres. Ce que si par male fortune avenoit, il commande qu'on use de toute modestie. Si guerre la nommez, elle n'est que superficiaire, elle n'entre point au profond cabinet de nos cœurs. Car nul de nous n'est outragé en son honneur : et n'est question en somme totale, que de rhabiller quelque faute commise par nos gens, j'entends et vôtres et nôtres. Laquelle encore que cognussiez, vous deviez laisser, couler outre, car les personnages querelans étoient plus à contemner qu'à ramentevoir : mêmement leur satisfaisant selon le grief, comme je me suis offert. Dieu sera juste estimateur de notre différend, lequel je supplie plutôt par mort me tollir de cette vie et mes biens deperir devant mes yeux, que par moy ny les miens en rien soit offensé.

Ces paroles achevées, appella le moine, et devant tous lui demanda :

— Frere Jean, mon bon amy, est-ce vous qui avez pris le capitaine Touquedillon ici présent ?

— Sire, dit le moine, il est present, il a âge et discretion, j'aime mieux que le sachiez par sa confession que par ma parole.

— Adonecques, dit Touquedillon, seigneur, c'est lui véritablement qui m'a pris, et je me rends son prisonnier franchement.

— L'avez-vous, dit Grandgousier au moine, mis à rançon ?

— Non, dit le moine. De cela ne me soucie.

— Combien, dit Grandgousier, voudriez-vous de sa prise ?

— Rien, rien ; cela, dit le moine, ne me mène pas.

Lors commanda Grandgousier que present Touquedillon fussent comptez au moine soixante et deux mille saluts pour celle prise.

Ce que fut fait cependant qu'on fît la collation audit Touquedillon, auquel demanda Grandgousier s'il vouloit demeurer avecques lui, ou si mieux aimoit retourner à son roy. Touquedillon répondit qu'il tiendroit le parti lequel il lui conseilleroit.

— Doncques, dit Grandgousier, retournez à vôtre roy, et Dieu soit avecques vous.

Puis lui donna une belle épée de Vienne, avecques le fourreau d'or fait à belles vignettes d'orfevrerie, et un collier d'or pesant sept cens deux mille marcs, garni de fines pierreries, à l'estimation de ce cent soixante mille ducats, et dix mille écus par présent honorable. Après ces propos, monta Touquedillon sus son cheval ; Gargantua, pour sa sûreté, lui bailla trente hommes d'armes et six-vingts archers, sous la conduite de Gymnaste, pour le mener jusques és portes de la Roche-Clermaud, si besoin étoit.

Iceluy départi, le moine rendit à Grandgousier les soixante et deux mille saluts qu'il avoit reçû, disant :

— Sire, ce n'est ores que vous devez faire tels dons. Attendez la fin de cette guerre, car l'on ne sçait quels affaires pourroient survenir. Et guerre faite sans bonne provision d'argent n'a qu'un soûpirail de vigueur. Les nerfs de batailles sont les pecunes.

— Doncques, dit Grandgousier, à la fin je vous contenteray par honnête récompense, et tous ceux qui m'auront bien servi.

CHAPITRE XLVII

Comment Grandgousier manda querir ses legions, et comment Touquedillon tua Hastiveau, puis fut tué par le commendement de Picrochole.

En ces mêmes jours, ceux de Besse, du Marché vieux, du bourg Saint-Jacques, du trainneau de Parillé, des rivieres de Roches Saint-Pol, du Vau-breton, de Pautillé, du Brehemont, du pont de Clain, de Cravant, de Grandmont, des Bourdes, de la Villaumer, de Huymes, de Segré, de Husse, de Saint-Loüant, de Panzoust, des Coldreaux, de Verron, de Coulaines, de Chose, de Varenes, de Bourgueil, de l'Isle Bouhard, du Croullay, de Narsy, de Cande, de Montsoreau et aux lieux confins envoyerent devers Grandgousier ambassades, pour lui dire qu'ils étoient avertis des torts que lui foisoit Picrochole, et pour leur ancienne confederation, ils lui offraient tout leur pouvoir, tant de gens, que d'argent et autres munitions de guerre. L'argent de tous montoit par les pactes qu'ils lui envoyoient, six-vingt quatorze millions deux écus et demi d'or.

Les gens étoient quinze mille hommes d'armes, trente et deux mille chevaux légers, quatre-vingts-neuf mille harquebusiers, cent quarante mille avanturiers, onze mille deux cens canons, doubles canons, basilics et spiroles, pionniers, quarante-sept mille ; le tout soudoyé et avitaillé pour six mois et quatre jours. Lequel offre Gargantua ne refusa ny accepta du tout.

Mais, grandement les remerciant, dit qu'ils composeroit cette guerre par tel engin que besoin ne seroit tant empêcher de gens de bien. Seulement envoya qui ameneroit en ordre des légions, lesquelles entretenoit ordinairement en ses places de la Devinière, de Chaviny, de Gravot et Quinquenais, montant en nombre de deux mille cinq cens hommes d'armes, soixante et six mille hommes de pied, vingt et six mille arquebusiers, deux cens grosses pièces d'artillerie, vingt et deux mille pionniers, et six mille chevaux légers, tous par bandes, tant bien assortis de leurs tresoriers et vivandiers, de maréchaux, d'armuriers et autres gens necessaires au trac de bataille, bien instruits en art militaire, tant bien armez, tant bien reconnoissans et suivans leurs enseignes, tant soudains à entendre et obéir à leurs capitaines, tant expediez à courir, tant forts à choquer, tant prudens à l'aventure, que mieux ressembloient une harmonie d'orgue et concordance d'horloge, qu'une armée ou gendarmerie.

Touquedillon, arrivé, se présenta à Picrochole et lui conta au long ce qu'il avoit fait et vû. A la fin conseilloit, par fortes paroles, qu'on fît appointement avecques Grandgousier, lequel il avoit éprouvé le plus homme de bien du monde, ajoutant que ce n'étoit ny preu ny raison molester ainsi ses voisins, desquels jamais n'avoient eu que tout bien. Et au regard du principal, que jamais ne sortiroient de cette entreprise qu'à leur grand dommage et malheur. Car la puissance de Picrochole n'étoit telle que aisément ne les pût Grandgousier mettre à sac.

Il n'eut achevé cette parole, que Hastiveau dit tout haut :

— Bien, mal-heureux est le prince qui est de tels gens servi, qui tant facilement sont corrompus comme je connois Touquedillon ; car je voy son courage tant changé, que volontiers se fût adjoint à nos ennemis pour contre nous batailler et nous trahir, s'ils l'eussent voulu retenir ; mais comme vertu est de tous, tant amis qu'ennemis, louée et estimée, aussi méchanceté est tôt cognüe et suspecte. Et posé que d'icelle les ennemis se servent à leur profit, si ont-ils toujours les méchants et traitres en abomination.

A ces paroles Touquedillon, impatient, tira son épée et en transperça Hastiveau un peu au dessus de la mammelle gauche, dont mourut incontinent. Et tirant son coup du corps dit franchement :

— Ainsi périsse qui féaux serviteurs blâmera !

Picrochole soudain entra en fureur, et voyant l'épée et fourreau tant diapré, dit :

T'avoit-on donné ce bâton pour, en ma présence, tuër malignement mon tant bon ami Hastiveau ?

Lors commanda à ses archers qu'ils le missent en pièces. Ce fut fait sur l'heure tant cruellement, que la chambre étoit toute p...

vée de sang. Puis fit honorablement inhumer le corps de Hastiveau, et celui de Touquedillon jetter, par sus les murailles, en la vallée.

Les nouvelles de ces outrages furent sçuë par toute l'armée, dont plusieurs commencerent murmurer contre Picrochole, tant que Grippeminaut lui dit :

— Seigneur je ne sçai quelle issuë sera de cette entreprise. Je voy vos gens peu confermez en leurs courages. Ils considerent que sommes ici mal pourvûs de vivres, et jà beaucoup diminuez en nombre, par deux ou trois issuës. Davantage il vient grand renfort de gens à vos ennemis. Si nous sommes assiegez une fois, je ne voy point comment ce ne soit à nôtre ruine totale.

— Bren, bren, dit Picrochole, vous semblez les anguilles de Melun, vous criez devant qu'on vous écorche, laissez-les seulement venir.

CHAPITRE XLVIII

Comment Gargantua assaillit Picrochole dedans la Roche-Clermaud et défi l'armée dudit Picrochole.

Gargantua eut la charge totale de l'armée, son pere demeura en son fort. Et leur donna courage par bonnes paroles, promit grands dons à ceux qui feroient quelques prouesses. Puis gagnerent le gué de Vede, et par batteaux et ponts legerement faits passerent outre d'une traite. Puis considerant l'asiete de la ville, qu'était en lieu haut et avantageux, delibera celle nuit sus ce qu'étoit de faire. Mais Gymnaste lui dit :

— Seigneur, telle est la nature et complexion des François, qu'ils ne valent qu'à la premiere pointe. Lors, ils sont pires que diables. Mais s'ils séjournent, ils sont moins que femmes. Je suis d'avis à l'heure présente, après que vos gens auront quelque peu respiré et repû, fassiez donner l'assaut.

L'avis fut trouvé bon. Adoncques produit toute son armée en plein camp, mettant les subsides du côté de la montée. Le moine prit avecques lui six enseignes de gens de pied et deux cens hommes d'armes, et en grande diligence traversa les marais et gagna au dessus le Puy jusques au grand chemin de Loudun. Cependant l'assaut continuoit, les gens de Picrochole ne savoient si le meilleur étoit sortir hors et les recevoir, ou bien garder la ville sans bouger. Mais furieusement sortit avecques quelque bande d'hommes d'armes de sa maison, et la fut reçû et festoyé à grands coups de canon qui gréloient devers les coutaux, d'ond les Gargantuistes se retirent au val pour mieux donner lieu à l'artillerie. Ceux de la ville défendoient le mieux que pouvoient, mais les traits passoient outre par dessus sans nul ferir. Aucuns de la bande sauvez de l'artillerie donnerent fierement sur nos gens, mais peu profiterent, car tous furent reçus entre les ordres, et là ruez par terre. Ce que voyans, se vouloient retirer ; mais cependant le moine avoit occupé le passage, par quoy se mirent en fuite sans ordre ni maintien. Aucuns vouloient leur donner la chasse ; mais le moine les retint, craignant que, suivant les fuyans, perdissent leurs rancs, et que sus ce point ceux de la ville chargeassent sus eux. Puis attendant quelque espace, et nul ne comparant à l'encontre, envoya le duc Frontiste pour amonnester Gargantua à ce qu'il avançât pour gagner le coûteau à la gauche, pour empêcher la retraite de Picrochole par cette porte. Ce que fit Gargantua en toute diligence, et y envoya quatre legions de la compagnie de Sebaste ; mais si-tôt ne pûrent gagner le haut, qu'ils ne rencontrassent en barbe Picrochole et ceux qui avecques lui s'étoient épars.

Lors chargerent sus roidement ; toutefois, grandement furent endommagez par ceux qui étoient sus les murs en coups de traits et artillerie.

Quoy voyant Gargantua, en grande puissance alla les secourir, et commença son artillerie à heurter sus ce quartier de murailles, tant que toute la force de la ville y fut évoquée.

Le moine, voyant celui côté lequel il tenoit assiégé ténué des gens et gardes, magnanimement tira vers le fort, et tant fit qu'il monta sus lui, et aucuns de ses gens, pensans que plus de crainte et de frayeur donnent ceux qui surviennent à un conflict que ceux qui lors à leurs force combattent. Toutes fois ne fit oncques effroy, jusques à ce que tous les siens eussent gagné la muraille, excepté les deux cens hommes d'armes qu'il laissa hors pour les hazards.

Puis s'écria horriblement, et les siens ensemble, et sans résistance, tuèrent les gardes d'icelle porte et l'ouvrirent és hommes d'armes, et en toute fiereté coururent ensemble vers la porte de l'Orient, où étoit le désarroy. Et par derriere renverserent toute leur force.

Voyans les assiegez de tous côtez, et les Gargantuistes avoir gagné la ville, se rendirent au moins à mercy. Le moine leur fit rendre les bâtons et armes, et tous retirer et resserrer par les églises, saisissant tous les bâtons des croix, et commettant gens és portes pour les garder de yssir. Puis, ouvrant celle porte orientale, sortit au secours de Gargantua. Mais Picrochole pensait que le secours lui venoit de la ville, et par outrecuidance se hasarda plus que devant, jusques à ce que Gargantua s'écria :

— Frere Jean, mon amy, frere Jean, en bonne heure soyez venu.

Adoncques connoissant Picrochole et ses gens que tout étoit désespéré, prindrent la fuite en tous endroits, Gargantua les poursuivit jusques près Vaugaudry, tuant et massacrant puis sonna la retraite.

CHAPITRE XLIX

Comment Picrochole fuyant, fut surpris de males fortunes, et ce que fit Gargantua après la bataille.

Picrochole, ainsi désespéré, s'enfuit vers l'isle Bouchart, et au chemin de Riviere son cheval broncha par terre, quoy tant fut indigné, que de son épée le tua en sa cholere ; puis, ne trouvant personne qui le remontât, voulut prendre un âne du moulin qui là auprès étoit, mais les mûniers le meurtrirent tout de coups, et le détrousserent de ses habillemens, et lui baillerent pour soy couvrir une méchante sequenye. Ainsi s'en alia le povre cholerique, puis passant l'eau au port Huaux, et racontant ses males fortunes, fut advisé par une vieille lourpidon, que son royaume lui seroit rendu, à la venuë des coquecigruës : depuis ne sçait on qu'il est devenu. Toutefois l'on m'a dit qu'il est de present povre gagne-denier à Lyon, cholere comme devant. Et toûjours se guermente à tous étrangers de la venuë des coquecigruës, esperant certainement, selon la prophetie de la vieille, être à leur venuë reintegré à son royaume.

Aprés leur retraite, Gargantua premierement reconsa ses gens, et trouva que peu d'iceux étoient peris en la bataille, savoir est quelques gens de pied de la bande du capitaine Tolmere, et Ponocrates qui avait un coup de harquebuze en son pourpoint. Puis les fit rafraîchir chacun par sa bande, et commanda és thresoriers que ce repas leur fût défrayé et payé et que l'on ne fit outrage quelconque en la ville, veu qu'elle étoit sienne, et aprés leur repas ils comparussent en la place devant le château, et là seroient payez pour six mois. Ce que fut fait : puis fit convenir devant soy en ladite place tous ceux qui là restoient de la part de Picrochole, esquelé, presens tous ses princes et capitaines, parla comme s'ensuit.

CHAPITRE L

La concion que fit Gargantua és viancus.

— Nos peres, ayeux et ancêtres de toute memoire ont été de ce sens, et cette nature : que des batailles par eux consommées ont pour signe memorial des triomphes et victoires plus volontiers érigé trophées et monumens és cœurs des vaincus par grâce, qu'és terres par eux conquêtées par architecture. Car plus estimoient la vive souvenance des humains acquise par liberalité, que la mute inscription des arcs, colonnes, et pyramides, sujette aux calamitez de l'air, et envie d'un chacun. Souvenir assez vous peut de la mansuetude dont ils userent envers les Bretons à la journée de Saint-Aubin de Cormier : et à la demolition de Parthenay. Vous avez entendu, et entendans admirez le bon traitement qu'ils firent és barbares de Spagnola, qui avoient pillé, dépopulé, et saccagé les fins maritimes d'Olone et Talmondois. Tout ce ciel a été rempli de louanges et gratulations que vous-mêmes et vos peres fistes lors qu'Alpharbal, roi de Canarre, non assouvi de ses fortunes envahit furieusement le païs de Onix, exerçant la piratique en toutes les isles Armoriques et regions confines. Il fut en juste bataille navré, prins et vaincu de mon pere, auquel Dieu soit garde et protecteur. Mais quoy, au cas que les autres roys et empereurs, voire qui se font nommer catholiques, l'eussent miserablement traité, durement emprisonné, et rançonné extrêmement : il le traita courtoisement, amiablement, le logea avecques soy en son palais, et par incroyable debonnaireté le renvoya en saufconduit, chargé de dons, chargé de graces, chargé de toutes offices d'amitié : qu'en est-il avenu? Lui, retourné en ses terres, fit assembler tous les princes et estats de son royaume, leur exposa l'humanité qu'il avoit en nous connu, et les pria sur ce délibérer en façon que le monde y eût exemple, comme avoit jà en nous de gracieuseté honnête; aussi en eux d'honnêteté gracieuse. Là fut decreté, par consentement unanime, que l'on offriroit entierement leurs terres, domaines et royaume, à en faire selon notre arbitre. Alpharbal en propre personne soudain retourna avecques neuf mille trente et huit grandes naufs oneraires, menant non seulement les trésors de sa maison et lignée royalle, mais presque de tout le païs. Car soy embarquant pour faire voile au vent vesten-nordest chacun à la foulle jettoit dedans icelle, or, argent, bagues, joyaux, épiceries, drogues, et odeurs aromatiques, papegays, pelicans, guenons, civettes, genettes, porcs-épics. Point n'étoit fils de bonne mere reputé, qui dedans ne jettât ce que avoit de singulier. Arrivé que fut, vouloit baiser les pieds de mon dit pere; le fait fut estimé indigne et ne fut toleré, ains fut embrassé socialement : offrit ses presens, ils ne furent reçûs par trop être excessifs : se donna mancipe et serf volontaire, soy et sa posterité; ce ne fut accepté par ne sembler équitable; ceda, par le decret des états, ses terres et royaumes, offrant la transaction et transport signé, et scellé, et ratifié de tous ceux qui faire le devoient; ce fut totalement refusé et les contrats jettez au feu. La fin fut que mon dit pere commença lamenter de pitié et pleurer copieusement, considerant le franc vouloir et simplicité des Canarriens : et par mots exquis et sentences congruës diminuoit le bon tour qu'il leur avoit fait, disant ne leur avoir fait bien qui fut à l'estimation d'un bouton, et si rien d'honnêteté leur ayoit montré, il étoit tenu de ce faire. Mais tant plus l'augmentoit Alpharbal. Quelle fut l'issuë? En lieu que pour sa rançon prinse à toute extrémité, eussent pû tyranniquement exiger vingt fois cent mille écus, et retenir pour hostagers ses enfants aînez; ils se sont faits tributaires perpetuels, et obligez nous bailler par chacun an deux millions d'or affiné à vingt-quatre karats; ils nous furent l'année premiere ici payez : la seconde de franc vouloir en payerent vingt-trois cens mille écus; la tierce, vingt-six cens mille; la quarte, trois millions, et tant toûjours croissent de leur bon gré, que serons contraints de leur inhiber de rien plus nous apporter. C'est la nature de gratuité. Car le temps qui toutes choses corrode et diminuë, augmente, et accroît les bien-faits, parce qu'un bon tour liberalement fait à homme de raison, croît continuellement par noble pensée et remembrance. Ne voulant doncques aucunement degenerer de la debonnaireté hereditaire de mes parens, maintenant je vous absous et délivre, et vous rends francs et libres comme par avant.

D'abondant serez à l'issuë des portes payez chacun pour trois mois, pour vous pouvoir retirer en vos maisons et familles, et vous conduiront en sauveté six cens hommes d'armes, et huit mille hommes de pié sous la conduite de mon écuyer Alexandre, afin que par les païsans ne soyez outragez. Dieu soit avecques vous. Je regrette de tout mon cœur que n'est ici Picrochole. Car je lui eusse donné à entendre que sans mon vouloir, sans espoir d'accroître ni mon bien, ni mon nom, étoit fait cette guerre. Mais puisqu'il est éperdu, et ne sçait-on où, ny comment est évanouï, je veux que son royaume demeure entier à son fils. Lequel, par ce qu'est trop bas d'âge, car il n'y a encore cinq ans accomplis, sera gouverné et instruit par les anciens princes. et gens sçavans du royaume Et par autant qu'un royaume ainsi désolé seroit facilement ruiné, si on ne refrenoit la convoitise et avarice des administrateurs d'iceluy ; j'ordonne et veux que Ponocrates soit sur tous ces gouverneurs entendant avecques autorité à ce requise, et assidu avecques l'enfant jusques à ce qu'il le connoîtra idoine de pouvoir par soy regir et regner.

Je considere que facilité trop énervée et dissolue de pardonner és malfaisans, leur est occasion de plus legerement derechef mal faire, par cette pernicieuse confiance de grace.

Je considere que Moïse, le plus doux homme qui de son temps fut sur la terre, aigrement punissait les mutins et seditieux du peuple d'Israël. Je considere que Jules Cesar, empereur tant debonnaire, que de luy dit Ciceron, que sa fortune rien plus souverain n'avoit, sinon qu'il pouvoit, et sa vertu meilleur n'avoit, sinon qu'il vouloit toujours sauver et pardonner à un chacun. Iceluy toutefois, ce nonobstant, en certains endroits punit rigoureusement les auteurs de rebellion.

A ces exemples je vueil que me livriez avant le départir, premierement ce beau Marquet, qui a été source et cause premiere de cette guerre par sa vaine outrecuidance. Secondement ses compagnons fouaciers, qui furent négligens de corriger sa tête folle sus l'instant. Et finalement tous les conseillers, capitaines, officiers, et domestiques de Picrochole : lesquels l'auroient incité, loué, ou conseillé de sortir ses limites, pour ainsi nous inquieter.

CHAPITRE LI

Comment les victeurs gargantuistes furent récompensez après la bataille.

Cette concion faite par Gargantua, furent livrez les séditieux par lui requis, exceptez Spadassin, Merdaille, et Menuail, lesquels étoient fuis six heures devant la bataille : l'un jusques au col de Laigne, d'une traite ; l'autre jusques au val de Vire ; l'autre jusques à Logroine, sans derriere soy regarder, ne prendre alaine par chemin. Et deux fouacier, lesquels perirent en la journée. Autre mal ne leur fit Gargantua, sinon qu'il les ordonna pour tirer les presses à son imprimerie, laquelle il avoit nouvellement instituée. Puis ceux qui là étoient morts il fit honorablement inhumer en la vallée des Noirettes, et au camp de Brûlevieille. Les navrez il fit penser, et traiter en son grand nosocome. Après avisa és dommages faits en la ville et habitans : et les fit rembourcer de tous leurs intérêts à leur confession et serment. Et y fit bâtir un fort château : y commettant gens et guet pour à l'avenir mieux soy défendre contre les soudaines émeutes.

Au départir, remercia gracieusement tous les soudars de ses legions, qui avoient été à cette defaite, et les renvoya hyverner en leurs stations et garnisons. Excepté aucuns de la legion decumane, lesquels il avoit vû en la journée faire quelques prouesses : et les capitaines des bandes, lesquels il amena avecques soy devers Grandgousier.

A la vûë et venuë d'iceux, le bon homme fut tant joyeux, que possible ne soroit le décrire. Adoncques leur fit un festin le plus magnifique, le plus abondent, et le plus délicieux que fut vû depuis le temps du roy Assuéro. A l'issuë de table il distribua à chacun d'iceux tout le parement de son buffet, qui étoit au poids de dix-huit cens mille quatorze besans d'or en grands vases d'antique, grands pots, grands bassins, grandes tasses, couppes, potets, candelabres, calathes, nacelles, violiers, drageoers, et autre telle vaisselle toute d'or massif, outre la pierrerie, émail, et ouvrage qui par estime de tous excedoit en prix la matiere d'iceux. Plus leur fit compter de ses coffres à chacun douze cens mille écus contens. Et d'abondant à chacun d'iceux donna à perpetuité, excepté s'ils mouroient sans boirs, ses châteaux, et terres voisines selon que plus leur étoient commodes. A Ponocrates donna la Roche-Clermaud; à Gymnastes, le Coudray; à Eudemon, Montpensier; le Rivau, à Tolmere; à Ithybole, Monsoreau; à Acamas, Cadde; Varenes, à Chironacte; Gravot, à Lebaste; Quinquenais, à Alexandre; Ligre, à Sophrone; et ainsi de ses autres places.

CHAPITRE LII

Comment Gargantua fit bâtir pour le moine l'abbaye de Theleme.

Restoit seulement le moine à pourvoir, lequel Gargantua vouloit faire abbé de Seuillé; mais il le refusa. Il lui voulut donner l'abbaye de Bourgueil, ou de Saint-Florent, laquelle mieux lui duiroit, ou toutes deux s'il les prenoit à gré. Mais le moine lui fit réponse peremptoire, que de moines il ne vouloit charge ny gouvernement.

— Car comment, disoit-il, pourrois-je gouverner autruy, qui moy même gouverner ne sçaurois ? S'il vous semble que je vous aye fait, et que puisse à l'avenir faire service agreable, octroyez-moy de fonder une abbaye à mon devis.

La demande plût à Gargantua, et offrit tout son païs de Theleme, jouxte la riviere de Loire, à deux lieues de la grande forêt du port Huaut. Et requit à Gargantua, qu'il instituât sa religion au contraire de toutes autres.

— Premierement donc, dit Gargantua, il ne faudra jà bâtir murailles au circuit : car toutes autres abbayes sont fierement murées.

— Voire, dit le moine, et non sans cause, où mur y a, et devant, et derriere, y a force murmure, envie, et conspiration mutuë. Davantage, vû qu'en certains couvens de ce monde est en usance; que si femme aucune y entre, j'entends des preudes et des pudiques, on nettoye la place par laquelle elles ont passé, fut ordonné que six religieux ou religieuses qui entroit par cas fortuit, ou nettoyeroit curieusement tous les lieux par lesquels auroient passé.

Et parce que és religions de ce monde tout est compassé, limité, et réglé par heures : fut décreté que là ne seroit horloge, ny cadran aucun. Mais selon les occasions et opportunez seroient toutes les œuvres dispensées.

— Car, disoit Gargantua la plus vraye perte du temps qu'il sçût étoit de compter les heures. Quel bien en vient-il ? et la plus grande rêverie du monde étoit soy gouverner au son d'une cloche, et non au dicté de bon sens et entendement.

Item parce qu'en iceluy temps on ne mettoit en religion des femmes, sinon celles qu'étoient borgnes, boiteuses, bossuës, laides, défaites, folles, insensées, maleficiées, et tarées : ni les hommes, sinon catharrez, mal nez, niais, et empêche-de-maison.

— A propos, dit le moine, une femme qui n'est ny belle, ny bonne, à quoy vaut-elle ?

— A mettre en religion, dit Gargantua.

— Voire, dit le moine, et à faire des chemises.

Fut ordonné que là ne seroient reçuës sinon les belles, bien formées, et bien naturées ; et les beaux, bien formez et bien naturez. Item, parce que és couvens des femmes n'entroient les hommes sinon à l'emblée et clandestinement : fut décrété que jà ne seroient là les femmes, au cas que n'y fussent les hommes, ny les hommes, en cas que n'y fussent les femmes. Item, parce que tant hommes que femmes, une fois reçûs en religion, après l'an de probation, étoient forcez et astreints y demeurer perpétuellement leur vie durante, fut établi que tant hommes que femmes là reçûs, sortiroient quand bon leur sembleroit franchement et entierement. Item, parce qu'ordinairement les religieux faisoient trois vœux, sçavoir est de chasteté, povreté, et obedience : fut constitué que là honorablement on pût être marié, que chacun fût riche, et vêquit en liberté. Au regard de l'âge légitime, les femmes y étoient reçues depuis dix jusques à quinze ans : les hommes depuis douze jusques à dix-huit.

CHAPITRE LIII

Comment fut bâtie et dotée l'abbaye des Thelemites.

Pour le bâtiment et assortiment de l'abbaye, Gargantua fit livrer de content vingt et sept cens mille huit cens trente et un moutons à la grande laine, et par chacun an jusques à ce que le tout fût parfait, assigna sus la recepte de la Dive, seize cens soixante et neuf mille écus au soleil, et autant à l'étoile poussinière. Pour la fondation et entretenement d'icelle donna à perpétuité vingt et trois cens soixante neuf mille cinq cens quatorze nobles à la rose, de rente fonciere indemnez, amortis et solvables par chacun an à la porte de l'abbaye. Et de ce leur passa belles lettres.

Le bâtiment fut en figure hexagone, en telle façon qu'à chacun angle étoit bâtie une grosse tour ronde à la capacité de soixante pas en diamètre. Et étoient toutes pareilles en grosseur et portrait. La rivière de Loire découloit sus l'aspect de Septentrion. Au pié d'icelle étoit une des tours assise, nommée Artice. En tirant vers l'Orient étoit une autre nommée Calaer. L'autre ensuivant Anatole, l'autre après Mesembrine, l'autre après Hesperie ; la dernière, Cryere. Entre chacune tour étoit espace de trois cens douze pas. Le tout bâti à six étages, comprenant les caves sous terre pour un. Le second étoit voûté à la forme d'une anse de panier. Le reste était embranché de guy de Flandres à forme de culs de lampes. Le dessus couvert d'ardoise fine, avec l'endoussure de plomb à figures de petits mannequins et animaux bien assortis et dorés avec les goutieres qui issoient hors la muraille, les croisées peintes en figure diagonale d'or et azur, jusques en terre où finssoient en grands échenaux qui tous conduisoient en la riviere par dessous le logis.

Ledit bâtiment étoit cent fois plus magnifique que n'est Bonivet, ne Chambourg, ne Chantilly ; car en iceluy étoient neuf mille trois cens trente et deux chambres, chacune garnie de arriere-chambre, cabinet, garderobbe, chappelle, et issue en une grande salle. Entre chacune tour au milieu dudit corps étoit une vis brisée dedans iceluy même corps. De laquelle les marches étoient part de porphyre, part de pierre numidique, part de marbre serpentin : longues de vingt-deux pieds, l'épesseur étoit de trois doigts. l'assiete par nombre de douze entre chacun repos. En chacun repos étoient deux beaux arceaux d'antique, par lesquels étoit reçue la clarté, et par iceux on entroit en un cabinet fait à clairevoye de largeur de ladite vis : et montoit jusques au dessus la couverture, et là finoit en pavillon. Par icelle vis on entroit de chacun côté en une grande salle, et des salles és chambres. Depuis la tour Artice jusques à Cryere étoient les belles grandes librairies en grec, latin, hebreu, françois, tuscan et hespaignol : departies par les divers étages selon iceux langages. Au milieu étoit une merveilleuse vis, de laquelle l'entrée étoit par le dehors du logis en un arceau large de six toises. Icelle étoit faite en telle symmetrie et capacité, que six hommes d'armes la lance sur la cuisse pouvoient de front ensemble monter jusques au dessus de tout le bâtiment. Depuis la tour Anatole jusques à Mesembrine étoient belles grandes galleries toutes peintes des antiques prouesses, histoires, et descriptions de la terre. Au milieu étoit une pareille montée et porte, comme avons dit, du côté de la rivière. Sur icelle porte étoit écrit en grosses lettres antiques ce qui s'ensuit.

CHAPITRE LIV

Inscription mise sur la grande porte de Theleme.

Cy n'entrez pas, hypocrites, bigots,
Vieux matagots, marmiteux boursouflés,
Torcous, badaux, plus que n'étoient les Gots,
Ny Ostrogots, précurseurs des magots ;
Haires, cagots, caphars empantouflés,
Gueux mitouflés, frappars ecorniflés,
Befflés, enflés, fagoteurs de tabus,
Tirez ailleurs pour vendre vos abus.

    Vos abus méchans
    Rempliroient nos champs

De méchanceté.
Et par fausseté
Troubleroient mes chants
Vos abus méchans.

Cy n'entrez pas, mâchefains praticiens,
Clers, basauchiens, mangeurs du populaire.
Officiaux, scribes et pharisiens,
Juges anciens, qui les bons parroiciens
Ainsi que chiens mettez au capulaire.
Vôtre salaire est au patibulaire.
Allez-y braire ; ici n'est fait excez,
Dont en vos courts on dût mouvoir procez.

Procez et débats
Peu font cy des ébats
Où l'on vient s'ébattre.
A vous pour débattre
Soient en pleins cabats,
Procez et debats.

Cy n'entrez pas, vous usuriers chichars,
Briffaux, léchars, qui toûjours amassez,
Grippeminaux, avalleurs de frimars,
Courbez, camars, qui en vos coquemars
De mille mars jà n'auriez assez.
Point égasséz n'êtes quand cabassez
Et entassez, poltrons à chiche face,
La male mort en ce pas vous déface.

Face non humaine
De tels gens qu'on maine
Haire ailleurs ; ceans
Ne seroit seans.
Vuidez ce domaine,
Face non humaine.

Cy n'entrez pas, vous rassotez mâtins,
Soirs ny matins, vieux chagrins et jalous
Ny vous aussi, seditieux mutins,
Larves, lutins, de dangers palatins,
Grecs ou Latins, plus à craindre que loups ;
Ny vous galous verolez jusqu'à l'ous,
Portez vos loups a lleurs paitre en bonheur,
Croustelevez, remplis de deshonneur.

Honneur, los, deduit,
Ceans est deduit
Par joyeux accords ;
Tous sont sains au cors,

Par ce bien leur duit
Honneur, los, deduit.

Cy entrez vous, et bien soyez venus
Et parvenus, tous nobles chevalier,
Cy est le lieu où sont les revenus
Bien avenus ; afin qu'entretenus
Grands et menus, tous soyez à milliers.
Mes familiers serez et peculiers :
Frisques, galliers, joyeux, plaisans, mignons,
En general tous gentils compagnons.

    Compagnons gentils,
    Serains et subtils,
    Hors de vilité,
    De civilité
    Cy sont les houstils
    Compagnons gentils.

Cy entrez, vous qui le saint Evangile
En sens agile annoncez, quoi qu'on gronde.
Ceans aurez un refuge et bastille
Contre l'hostile erreur, qui tant postille,
Par son faux style empoisonne le monde ;
Entrez, qu'on fonde icy la foi profonde.
Puis qu'on confonde, et par voix et par rolle,
Les ennemis de la sainte parole.

    La parole sainte,
    Jà ne soit exteinte
    En ce lieu tressaint,
    Chacun en soit ceint,
    Chacune ait encointe
    La parole sainte.

Cy entrez, vous dames de haut parage,
En franc courage, Entrez-y en bon heur,
Fleurs de beauté, à celeste visage,
A droit corsage, à maintien prude et sage.
En ce passage est le séjour d'honneur.
Le haut seigneur qui du lieu fut donneur
Et guerdonneur pour vous l'a ordonné
Et pour frayer à tout prou or donné.

    Or donné par don
    Ordonne pardon
    A cil qui le donne
    Et très-bien guerdonne
    Tout mortel preud'hom,
    Or donné par don.

CHAPITRE LV

Comment étoit le manoir des Thelemistes.

Au milieu de la basse court étoit une fontaine magnifique de bel alabastre. Au dessus les trois Graces, avecques cornes d'abondance. Et jettoient l'eau par les mammelles, bouches, oreilles, yeux, et autres ouvertures du corps. Le dedans du logis sus ladite basse court étoit sus gros pilliers de cassidoine et porphyre : à beaux arcs d'antique. Au dedans desquels étoient belles galeries longues et amples, ornées de peintures et cornes de cerfs, licornes, rhinoceros, hippopotames dens d'elephants, et autres choses spectacles. Le logis des dames comprenoit depuis la tour Artice jusques à la porte Mesembrine. Les hommes occupoient le reste. Devant ledit logis des dames, afin qu'elles eussent l'ébattement entre les deux premieres tours, au dehors étoient les lices, l'hippodrome, le théatre, et natatoires, avec les bains mirifiques à triple solier bien garnis de tous assortimens, et foison d'eau de myrrhe. Jouxte la riviere étoit le beau jardin de plaisance. Au milieu d'iceluy le beau labyrinthe. Entre les deux autres tours étoient les jeux de paume et de la grosse balle. Du côté de la tour Cryere étoit le verger plein de tous arbres fruictiers, toutes ordonnées en ordre quincunce. Au bout étoit le grand parc, foisonnant en toute sauvagine. Entre les tiers tours étoient les butes pour l'arquebuse, l'arc, et l'arbaleste. Les offices hors la tour Hesperie à simple étage. L'écurie au delà des offices. La fauconnerie au devant d'icelles, gouvernée par asturciers bien expers en l'art. Et étoit annuellement fournie par les Candiens, Venitiens, et Sarmates de toutes sortes d'oiseaux paragons, aigles, gerfaux, autours, sacres, laniers, faucons, eparviers, emerillons, et autres : tant bien fais et domestiquez, que partans du château pour s'ébattre és champs prenoient tout ce que rencontroient. La venerie étoit un peu plus loing tirant le parc.

Toutes les salles, chambres, et cabinets étoient tapissez en diverses sortes selon les saisons de l'année. Tout le pavé étoit couvert de drap verd. Les lits étoient de broderie.

En chacune arriere-chambre étoit un miroir de christallin enchassé en or fin, autour garny de perles, et étoit de telle grandeur, qu'il pouvoit veritablement representer toute la personne. A l'issue des salles du logis des dames étoient les parfumeurs et testonneurs par les mains desquels passoient les hommes quand ils visitoient les dames. Iceux fournissoient par chacun matin les chambres des dames d'eau rose, d'eau de naphes, et d'eau d'ange, et à chacune la precieuse cassolette vaporante de toutes drogues aromatiques.

CHAPITRE LVI

Comment étoient vêtus les religieux et religieuses de Théleme.

Les dames, au commencement de la fondation, s'habilloient à leur plaisir et arbitre, depuis furent reformées par leur franc vouloir en la façon que s'ensuit : elles portaient chausses d'écarlate, ou de migraine, et passoient lesdites chausses le genoûl au dessus par trois doigts justement. Et cette lisiere étoit de quelques belles broderies et découpures. Les jartieres étoient de la couleur de leurs bracelets et comprenoient le genoul au dessus et au dessous. Les souliers, escarpins, et pantoufles de velours cramoisi rouge, ou violet, déchiquetées à barbe d'écrevisse. Au dessus de la chemise vêtoient la belle vasquine de quelque beau camelot de soye : sus icelle vêtoient la verdugale, de tafetas blanc, rouge, tanné, gris, etc. Au dessus de la cotte de tafetas d'argent, fait à broderie de fin or, et à l'aiguille entortillé, ou selon que bon leur sembloit et correspondant à la disposition de l'air, de satin, damas, velours orange, tanné, verd, cendré, bleu, jaune, clair, rouge, cramoisi, blanc drap d'or, toile d'argent, de canetille, de brodure selon les fêtes. Les robbes selon la saison, de toile d'or à frisure d'argent, de satin rouge couvert de canetille d'or, de tafetas blanc, bleu, noir, tanné, sarge de soye, camelot de soye, velours, drap d'argent, toile d'argent, or trait, velours de satin porfilé d'or en diverses portraictures.

En été, quelques jours, au lieu de robbes portoient belles marlottes de parrures susdites ou quelques bernes à la moresque de velours violet à frizure d'or sur canetille d'argent, ou à cordelieres d'or garnies aux rencontres de petites perles indiques. Et toujours le beau panache selon les couleurs des manchons, bien garni de paillettes d'or.

En hyver, robbes de tafetas de couleurs comme dessus : fourrées de loups cerviers, genottes noires, martres de Calabre, zibolines, et autres fourrures précieuses. Les patenostres, anneaux, jazerans, carcans étoient de fines pierreries escarboucles, rubis balais, diamans, saphirs, émeraudes, turquoises, grenats, agathes, berilles, perles, et unions d'excellence.

L'accoûtrement de la tête étoit selon le temps : en hyver, à la mode françoise ; au printemps, à l'espagnole ; en été à la turque. Exceptez les fêtes et dimanches, esquels portoient accoûtrement françois, parcequ'il est plus honorable, et mieux sent la pudicité matronale.

Les hommes étoient habillez à leur mode, chaussés, pour les bas, d'estamet, ou serge drapée, d'écarlate, de migraine, blanc ou noir ; les haus, de velours d'icelles couleurs ou bien prés approchantes ; brodées et déchiquetées selon leur invention. Le pourpoint de drap d'or, d'argent, de velours, satin, damas, tafetas, de mêmes couleurs, déchiquetez, brodez et accoûtrez en paragon. Les aiguillettes de soye de mêmes couleurs, les fers d'or bien émaillez. Les sayes et chamar-

res de drap d'or, toile d'or, drap d'argent, velours profilé à plaisir.
Les robbes autant précieuses comme des dames. Les ceintures de soye
de couleurs du pourpoint, chacun la belle épé au côté, la poignée dorée, le fourreau de velours de la couleur des chausses, le bout d'or,
et d'orfevrerie. Le poignard de même. Le bonnet de velours noir,
garny de force bagues et boutons d'or. La plume blanche par dessus
mignonnement partie à paillette d'or : au bout desquelles pendoient
en paillettes, beaux rubis, émeraudes, etc.

Mais telle sympathie étoit entre les hommes et les femmes, que par
chacun jour ils étoient vêtus de semblable parure. Et pour à ce ne
faillir étoient certains gentils-hommes ordonnez pour dire és hommes,
par chacun matin, quelle livrée les dames vouloient en icelle journée
porter. Car le tout étoit fait selon l'arbitre des dames. En ces vêtemens tant propres, et accoûtremens tant riches, ne pense que eux
ny elles perdissent temps aucun ; car les maîtres des garderobbes
avoient toutes la vêture tant prête par chacun matin, et les dames de
chambre tant bien étoient aprinses, qu'en un moment elles étoient
prêtes et habillées de pié en cap.

Et pour iceux accoûtremens avoir en meilleure opportunité, autour
du bois de Theleme étoit un grand corps de maison long de demie
lieuë, bien clair et assorti, en laquelle demeuroient les orfevres, lapidaires, brodeurs, tailleurs, tireurs d'or, veloutiers, tapissiers, et
hautelissiers, et là œuvroient chacun de son métier, et le tout pour
les susdits religieux et religieuses. Iceux étoient fournis de matiere
et étoffe par les mains du seigneur Nausiclete, lequel par chacun en
leur rendoit sept navires des isles de Perlas, et Canibales, chargées
de lingots d'or, de soye cruë, de perles et pierres. Si quelques
unions tendoient à vetusté, et changeoient de naïve blancheur, icelles
par leur art renouvelloient en les donnant à manger à quelques
beaux coqs, comme on baille cure ès faucons.

CHAPITRE LVII

Comment étoient regiez les Thelemites à leur maniere de vivre.

Toutes leur vie étoit employée non par loix, status, ou reigles,
mais selon leur vouloir et franc arbitre. Se levoient du lit quand bon
leur sembloit, bûvoient, mangeoient, travailloient, dormoient quand
le desir leur venoit. Nul ne les éveilloit, nul ne les parforçoit ny à
boire, ny à manger, n'y a faire chose autre quelconque. Ainsi l'avoit
établi Gargantua. En leur reigle n'étoit que cette clause :

FAY CE QUE VOUDRAS.

Parce que gens libres, bien nez, bien instruits, conversans en
compagnies honnêtes, ont par nature un instinct et aiguillon qui toujours les pousse à faits vertueux, et retire de vice, lequel ils nommoient honneur. Iceux quand par vile subjection et contrainte sont
déprimez et asservis détournent la noble affection par laquelle à
vertus franchement tendoient à déposer et enfraindre ce joug de ser-

vitude. Car nous entreprenons toûjours choses défenduës, et convoitons ce que nous est denié. Par cette liberté entrerent en louable émulation de faire tous ce qu'à un seul voyoient plaire. Si quelqu'un ou quelqu'une disoit : bûvons, tous bûvoient. S'il disoit : jouons, tous jouoient. S'il disoit : allons à l'ébat és champs, tous y alloient. Si c'étoit pour voller, ou chasser, les dames montées sus belles haquenées avecques leur palefroy gorrier; sur le poing, mignonnement engantelées, portoient chacune ou un éparvier, ou un laneret, ou un émerillon, les hommes portoient les autres oiseaux.

Tant noblement étoient apprins, qu'il n'étoit entre eux celuy ne celle qui ne sçût lire, écrire, chanter, jouër d'instrumens harmonieux, parler de cinq ou six langes, et en iceux composer, tant en carme qu'en oraison soluë. Jamais ne furent vûs chevaliers tant preux, tant galans, tant dextres à pied, et à cheval, plus verds, mieux remuans, mieux manians tous bâtons, que là étoient. Jamais ne furent vûës dames tant propres, tant mignonnes, moins fâcheuses, plus doctes, à la main, à l'aiguille, à tout acte muliebre honnête et libere que là étoient.

Par cette raison, quand le temps venu étoit que aucun d'icelle abbaye, ou à la requête de ses parens, ou pour autre cause, voûlut issir hors, avecques soy il emmenoit une des dames, celle laquelle l'auroit prins pour son dévot, et étoient ensemble mariez. Et si bien avoient vécu à Theleme en dévotion et amitié, encore mieux là continuoient-ils en mariage : autant s'entr'aimoient-ils à la fin de leurs, comme le premier de leurs noces.

Je ne ne veux oublier vous décrire un enigme qui fut trouvé aux fondemens de l'abbaye, en une grande lame de bronze. Tel étoit comme s'ensuit.

CHAPITRE LVIII

Enigme en prophetie.

Povres humains, qui bon-heur attendez,
Levez vos cœurs et mes dits entendez.
S'il est permis de croire fermement
Que par les corps qui sont au firmament
Humain esprit de soy puisse advenir
A prononcer les choses à venir;
Ou si l'on peut, par divine puissance,
Du sort futur avoir la connoissance,
Tant que l'on juge en assuré discours,
Des ans lointains la destinée et cours,
Je fay sçavoir, à qui le veut entendre,
Que cet hyver prochain, sans plus attendre,
Voire plutôt, en ce lieu où nous sommes
Il sortira une maniere d'hommes.
Las du repos et fâchez du séjour,
Qui franchement iront, et de plein jour,
Suborner gens de toutes qualitez

A différents et partialitez.
Et qui voudra les croire et écouter
(Quoy qu'il en doive advenir et coûter),
Ils feront mettre en debats apparents
Amis entre eux et les proches parents,
Le fils hardi ne craindra l'improperé
De se bander contre son propre pere,
Même les grands, de noble lieu saillis,
De leurs subjets se verront assaillis,
Et le devoir d'honneur et reverence
Perdra pour lors tout ordre et difference;
Car ils diront que chacun à son tour
Doit aller haut, et puis faire retour.
Et sus ce point aura tant de mêlées,
Tant de discords, venuës et allées,
Que nulle histoire, où sont les grands merveilles
A fait recit d'émotions pareilles.
Lors se verra maint homme de valeur
Par l'éguillon de jeunesse et chaleur
Et croire trop ce fervent appetit :
Mourir en fleur et vivre bien petit,
Et ne pourra nul laisser cette ouvrage,
Si une fois il y met le courage,
Qu'il n'ait rempli par noises et debats
Le ciel de bruit et la terre de pas.
Alors auront non moindre autorité
Hommes sans foy que gens de vérité;
Car tous suivront la creance et étude
De l'ignorante et sotte multitude,
Dont le plus lourd sera reçû pour juge.
O dommageable et penible déluge !
Déluge (dy-je) et à bonne raison,
Car ce travail ne perdra sa saison
Ny n'en sera délivrée la terre,
Jusques à tant qu'il en sorte à grand'erre
Soudaines eaux, dont les plus attrempez
En combattant seront pris et trempez,
Et à bon droit; car leur cœur, adonné
A ce combat, n'aura point pardonné
Même aux troupeaux des innocentes bêtes
Que de leurs nerfs et boyaux deshonnêtes
Il ne soit fait, non aux dieux sacrifice,
Mais aux mortels ordinaire service.

Or maintenant je vous laisse penser
Comment le tout se pourra dispenser,
Et quel repos en noise si profonde
Aura le corps de la machine ronde.
Les plus heureux, qui plus d'elle tiendront,
Moins de la perdre et gâter s'abstiendront

Et tâcheront, en plus d'une maniere,
A l'asservir et rendre prisonniere,
En tel endroit que la povre défaite
N'aura recours qu'à celuy qui l'a faite.
Et pour le pis de son triste accident,
Le clair soleil, ains qu'être en occident,
Lairra epandre obscurité sur elle,
Plus que d'éclipse ou de nuit naturelle.
Dont en un coup perdra sa liberté,
Et du haut ciel la faveur et clarté,
Ou pour le moins demourera déserte.
Mais elle, avant cette ruine et perte,
Aura long-temps montré sensiblement
Un violent et si grand tremblement,
Que lors Etna ne fut tant agitée,
Quand sus un fils de Titan fut jettée ;
Et plus soudain ne doit être estimé
Le mouvement que fit Inarimé
Quand Typhœus si fort se dépita,
Que dans la mer les monts précipita.

Ainsi sera en peu d'heures rangée
A triste état, et si souvent changée,
Que même ceux qui tenue l'auront,
Aux survenants occuper la lairront.
Lors sera prés le temps bon et propice
De mettre fin à ce long exercice ;
Car les grand's eaux dont oyez deviser
Feront chacun la retraite adviser,
Et toutefois, devant le partement,
On pourra voir en l'air apertement
L'âpre chaleur d'une grand'flâme éprise,
Pour mettre à fin les eaux et l'entreprise.
Reste en aprés ces accidents parfaits
Que les élus joyeusement refaits
Soient de tous biens, et de manne celeste,
Et d'abondant, par récompense honnête,
Enrichis soient. Les autres en la fin
Soient dénuez. C'est la raison, afin
Que ce travail, en tel point terminé,
Un chacun ait son sort prédestiné.
Tel fut l'accord. O qu'est à reverer
Cil qui en fin pourra perseverer !

La lecture de cettuy monument parachevée, Gargantua soûpira profondement et dit aux assistants :

— Ce n'est de maintenant que les gens reduits à la creance évangelique sont persecutez. Mais bien-heureux est celui qui ne sera scandalisé, et qui toûjours tendra au but et au blanc, que Dieu par son cher fils nous a prefix, sans, par ses affections charnelles, être distrait ni diverti.

Le moine dit :

— Que pensez-vous, en vôtre entendement, être par cet énigme désigné et signifié ?

— Quoy ? dit Gargantua, le décours et maintient de vérité divine.

— Par saint Goderan, dit le moine, telle n'est mon exposition : le style est de Merlin le prophète ; donnez-y allegories et intelligences tant graves que voudrez, et y ravassez, vous et tout le monde, ainsi que voudrez. De ma part, je n'y pense autre sens enclos qu'une description du jeu de paume sous obscures paroles. Les suborneurs de gens sont les faiseurs de parties, qui sont ordinairement amis. Et après les deux chasses faites, sort hors le jeu celui qui y étoit, et l'autre y entre. On croit le premier qui dit si l'estouf est sus ou sous la corde. Les eaux sont les sueurs. Les cordes des raquettes sont faites de boyaux de moutons ou de chevres. La machine ronde est la pelote ou l'esteuf. Après le jeu, on se refraîchit devant un clair feu, et change l'on de chemise. Et volontiers banquette l'on, mais plus joyeusement ceux qui ont gagné. Et grand chere.

FIN

Imprimerie de Poissy. — S. Lejay et Cie.

PETITE BIBLIOTHÈQUE ILLUSTRÉE
DES
CONNAISSANCES UTILES
SOUS LA DIRECTION DE
L. HUARD

LISTE DES VOLUMES

1. Les Torpilles et les Torpilleurs.
2. La Rage et l'Institut Pasteur.
3. Les Fusils à répétition.
4. Les Tremblements de terre.
5. Les Projectiles.
6. Les Ballons dirigeables.
7. Les Mitrailleuses.
8. L'Electricité au Théâtre.
9. Le Canal de Suez.
10. Les Aiguilles.
11. Les Canons.
12. Les Locomotives.
13. La Lumière électrique.
14. Les Mines.
15. Le Phylloxera.
16. Le Tissage de la soie.
17. La Manufacture de Sèvres.
18. L'Alcool.
19. La Typographie.
20. Les Gobelins.
21. Les Faïences anciennes.
22. Les Tissus façonnés.
23.
24. } Les Alcools d'Industrie.
25. L'Imprimerie.
26. Le Tricot.
27.
28. } Les Faïences Françaises.
29. La Bougie.
30. La Gravure.
31. La Gravure (suite et fin).
32. Les Moteurs à gaz.
33. Les premiers Ballons.
34. La Direction des Ballons.
35. Les Piles électriques.
36. Les Piles électriques (suite et fin).
37. Les Machines électriques.
38. Les Machines électriques (suite et fin).
39. Moteurs hydrauliques (les Roues).
40. Moteurs hydrauliques (les Turbines).

Il paraît un volume tous les MERCREDIS dans l'ordre ci-dessus, à partir du 12 avril.

A mesure que la République, au prix des plus grands sacrifices, répand l'instruction dans toutes les classes de la société, le besoin de lire devient chaque jour plus grand, le champ de la curiosité intellectuelle s'élargit; déjà, par la presse, des notions sommaires circulent à travers la masse des citoyens, éveillent en eux la volonté de connaître plus complètement les hommes et les œuvres dont le nom passe sans cesse sous leurs yeux :

Mais, pour satisfaire ces légitimes aspirations, que d'obstacles surgissent devant la grande majorité des lecteurs. D'une part, le prix élevé des livres; d'autre part, la difficulté de faire un choix, d'opérer une sélection dans la liste parfois considérable des ouvrages de chaque auteur.

Ces considérations nous ont déterminé à fonder, sous le titre : *Les Livres du Peuple*, une bibliothèque républicaine qui, sous un format élégant, et pour un prix insignifiant, fournira aux hommes avides à la fois d'instruction et de saines distractions l'aliment généreux et réconfortant dont notre littérature française est une source inépuisable.

Dix centimes le volume, 36 pages de texte, contenant une œuvre ou des fragments d'œuvres à la fois intéressants et instructifs, signées des noms les plus illustres de notre pays; c'est là que nous avons trouvé la solution du problème. Chaque semaine, dans la chambre du travailleur un nouvel hôte viendra s'asseoir pour lui donner des enseignements ou éveiller son imagination, et à la fin de l'année, ces volumes formeront une sorte d'encyclopédie de la pensée humaine.

Des illustrations soignées y ajouteront un attrait particulier.

Nous estimons que, dans le développement de la conscience républicaine, dans la notion juste des droits et des devoirs, réside l'avenir de notre pays. Nous avons la ferme conviction qu'il faut combattre par l'instruction rationnelle les enseignements mystiques et faux du cléricalisme. Notre Bibliothèque sera une arme de propagande démocratique et nous avons l'espoir que le public nous aidera à la porter haute et ferme dans la lutte de l'obscurantisme contre la pensée libre.

Histoire, philosophie, théâtre, romans, sciences physiques et naturelles, industrie, toutes les branches des connaissances humaines trouveront place dans *les Livres du Peuple*.

Nous avons confié la direction de cette œuvre éminemment utile à M. Jules Lermina, dont le républicanisme éprouvé, le talent littéraire et la grande érudition sont pour tous le garant des tendances qui seront imprimées à notre Bibliothèque et du goût qui présidera au choix des publications. Tous les républicains voudront lire et propager ces excellents livres.

www.ingramcontent.com/pod-product-compliance
Lightning Source LLC
Chambersburg PA
CBHW060716050426
42451CB00010B/1465